Leselernbuch

Teil C

Löwenzahn

Werkstatt für das Lesen- und Schreibenlernen

Herausgegeben und erarbeitet
von Jens Hinnrichs
unter Mitarbeit von
Petra Dalldorf, Katharina Kosjek,
Ursula Schwarz, Brigitte Stöcker, Jana Zacharias.

Mit Illustrationen von
Stephanie Stickel, Carmen Hochmann,
Miriam Cordes, Carolin Görtler,
Antje Hagemann und Susanne Wechdorn.

Schroedel

Mo mit Mi

Mi Filo Lotta Mo

Tip mit Tap

Blätter

Blätter fallen sacht ins Gras,
rascheln leise, hört ihr das?
Rascheln leise,
rascheln leise.

Ludwig Voges

3

Sankt Martin

Martin hilft
dem armen Mann.

Laterne

Laterne, Laterne,
Sonne, Mond und Sterne!

Ach du lieber Nikolaus,
komm doch einmal
in mein Haus!
Hab so lang
an dich gedacht!
Hast mir auch
was mitgebracht?

Volksgut

„U hu ! U hu !"

„U hu ! U hu !
Kommt mal her !"

„Halt!"

„Wem gehört der Sack?"
„Was ist darin?"
„Ist das für uns?"

Die Hirten sehen den Stern über dem Stall.

Auch die Heiligen Drei Könige folgen dem Stern.

Wer war hier?

Was ist das nur?
Eine Spur, eine Spur!
Eine Spur, die führt durch den weichen Schnee,
war das ein Hase, ein Fuchs, ein Reh?

Barbara Cratzius

Im Winter

Mi und Mo rollen
und rollen.

Nanu!

„Halt! Halt!",
ruft Mo.

Papa hilft den Kindern.
„Wer soll das werden?"

„Das wird Mama!"
meint Mi.

Rodeln

Tip ruft:
„Komm, wir rodeln!
Festhalten und los!"

„Hurra!", ruft Tap.

RUMS!

„Mein armer Tap!
Weinst du?"

Tap lacht nur.
„Komm, wir rodeln!"

Tanzlied

Hallo, komm,
und tanz mit mir!
Komm zu mir,
ich zeig es dir.
Rundherum –
hin und her.
Das macht Spaß
und ist nicht schwer.

Rosenmontag

Am Rosenmontag zum Maskenball
kommen die Tiere von überall.

Die  kommt als Laus,

die als Löwe,

der  als Möwe,

die als Ziege,

die als Fliege,

die  als Affe,

der als Giraffe,

die als Maus.

Und wie kommt die Maus?

Ostern

●ns, zw●, dr●,

wo finde ich ●n ●?

Im Baum ist ●ns.

Im See ist k●ns.

Im Nest sind zw●.

Im Gras sind dr●.

Osterhase,
Schnuppernase,
sind die Eier
schon versteckt?

Osterhase,
Schnuppernase,
hab' sie alle
bald entdeckt!

1. Die Henne brütet.
In jedem Ei
wächst ein Küken.

2. Nach drei Wochen
pickt das Küken von innen
ein Loch in die Schale.

3. Die Schale bricht auf.
Das Küken schlüpft.
Es ist noch nass und müde.

4. Wenn das Küken trocken ist,
kann es schon laufen
und Futter picken.

Nicht anfassen!

„Du armer kleiner Vogel!"

„Halt, Tap!
Nicht anfassen!"

„Warum nicht?"

„Seine Eltern helfen ihm!"

Nestbau

Das Amselweibchen baut ein Nest.
Von außen macht sie es ganz fest
mit Ästchen, Halmen, Blättern.

Und innen macht sie es bequem
mit Federn, Haaren, Moos und Lehm
für ihre Kinder.

Der Amselmann passt auf und schaut,
dass niemand seine Frau wegklaut.

Hermine Wolf

Frühling

Die ☀ scheint warm.

Im 🌳 blühen rote 🌷,

gelbe 🌼 und lila 🌸.

Die 🌳 haben schon kleine 🍃.

In einem 🌳 bauen 🐦🐦

ein 🪹.

Tulpen   Krokusse   Narzissen   Schneeglöckchen

Löwenzahn und Pusteblume

Auf der Wiese leuchten
dicht an dicht
die gelben Blüten
im Sonnenlicht.

Und nach ein paar Tagen
schimmern licht
dort weiße Laternchen
dicht an dicht.

Weht dann der Wind
oder pustet ein Kind,
fliegen tausend Schirmchen fort.

Sie tragen die Löwenzahnsamen
an einen anderen Ort.

Charlotte Bär

Löwenzahnsamen

Der Samen fliegt und fliegt und fliegt.

Der Wind trägt ihn über eine Weide mit Kühen.

Aber er fliegt noch weiter.

Der Wind weht den Samen über einen Schulhof.

Aber er fliegt noch weiter.

Doch dann landet der Samen auf einem Weg zwischen harten Steinen.

Neu im Bärenwald

„Hallo, wer bist du?", fragt Mi.

„Ich bin Bo, der Biber.
Ich wohne seit ein paar Tagen
am Fluss."

„Da wollen wir gerade hin", sagt Mo.
„Kommst du mit?
Wir können zusammen
schwimmen und tauchen."

Zu dritt rennen sie los.

Am Fluss ist ein großer Hügel
aus Ästen und Zweigen zu sehen.

Bo ruft:
„Da ist unsere Biberburg!
Die haben Mama und Papa gebaut."

„Toll!", sagt Mo.
„Aber wo ist denn der Eingang?"

„Der ist versteckt.
Er liegt unter Wasser.
So sind wir vor Feinden sicher."

Die Biberburg

Lüftung

Schlaflager

Putzzimmer

Eingang

Wasser

Meine Mutter

Deckst du mich abends zu,
denk ich, wie schön es ist,
dass grade du
meine Mutter bist.

Angela Sommer-Bodenburg

Für Oma und Opa

Meine Mama
mag Mäuse.
Mich hat sie so lieb.
Manchmal sagt sie:
„Mein Mäuslein!"
Und ich sage:
„Piep!"

Ute Andresen

Liebe Mama,
ich hab
es gern,
wenn du
so lachst
und immer
mit mir
Unsinn
machst.

28

Zum Muttertag, zum Muttertag
sag ich dir, dass ich dich mag,
sag ich dir,
dass ich dich brauch,
und den Papa auch!

Georg Bydlinski

Alle Tage ...

Alle Tage, immer wieder
muss ich an dich denken;
was ich denke, schreib ich nieder,
um es dir zu schenken.

Frantz Wittkamp

Für Papa

Ich weiß genau, dass ich dich mag,
und nicht nur heut am Vatertag,
denn täglich kommt mir in den Sinn,
dass ich mit dir so glücklich bin.

Anna

Vorsicht!

Lea und Emil entdecken eine Schnecke.
Sie kriecht ganz langsam.

Emil zeigt mit dem Finger auf die Fühler.
Sofort zieht die Schnecke die Fühler ein.

„Vorsicht!", sagt Lea.
„Nicht in ihre Augen fassen!"

„Wieso Augen?", fragt Emil.

„Die Augen der Schnecke
sitzen auf den beiden längeren Fühlern", erklärt Lea.

Sommerzeit – Ferienzeit

Sommerzeit – Ferienzeit.
Da weiß doch jeder gleich Bescheid.
Du kannst faul im Schatten liegen,
träumen, mit den Wolken fliegen,
hinter Hecken
dich verstecken,
du kannst wandern, schwimmen, baden
und durch kleine Bäche waten.
Jetzt hast du für alles Zeit.

Rolf Krenzer

Bücher über Freunde

Freunde können viel zusammen erleben.

Freunde streiten und vertragen sich.

Zum Glück kommt Niklas und hilft Lena beim Aufsammeln. Niklas wollte schon oft mit Lena spielen, aber sie hat sonst immer mit Lino gespielt. Das ist jetzt natürlich für immer vorbei.
„Wollen wir eine Schatzsucherbande gründen?", fragt Niklas, als er unter dem Regal nach einer goldenen Perle angelt.
„Die Glitzerperlen sind unser Schatz."
Aber Lena hat eine bessere Idee. Eine viel bessere!

Freunde helfen einander.

Freunde träumen manchmal voneinander.

Zungenbrecher

Kleine Katzen
können keinen
Kaugummi
kauen.

Fünf flinke Fische fraßen fünf flinken Fischen
fünf flinke Fische fort.

Die Bürsten mit schwarzen Borsten bürsten besser
als die Bürsten mit weißen Borsten bürsten.

Sieben Schneeschaufler schaufeln
sieben Schaufeln Schnee.

Schneiders Schere schneidet scharf,
scharf schneidet Schneiders Schere.

Lauter Quatschsalat

Bratwurst in der Kanne,
Seife in die Pfanne,
Socken an die Hände,
Quark an alle Wände,
Pudding mit Spinat:
Lauter Quatschsalat!

Seife in die Wanne,
Bratwurst in die …,

Bilder an die Wände,
Handschuh an die …,

Sahne im Spinat
ist kein Quatschsalat!

Regina Schwarz

Baumlang

Der Riese Baumlang
lebte friedlich
mit seiner Frau.

Aber eines Tages
hörten sie
ein Krachen.

Ein noch größerer Riese
stampfte durch den Wald.
„Baumlang, komm her!",
schrie er.
„Ich will mit dir kämpfen!"

Schnell legte sich
Baumlang ins Bett.

Der fremde Riese
polterte herein.
„Wo ist dieser
Baumlang?"

„Pst! Sei leise!",
sagte die Frau.
„Unser Kind schläft."

„Das ist das Kind?",
dachte der fremde Riese.
„Wie groß mag erst der
Baumlang sein?"

Da erschrak der fremde Riese
und rannte davon.

„Schau nur, wie er rennt",
sagte Baumlang
zu seiner Frau.

Sie freuten sich,
dass ihnen die List
gelungen war.

Groß und klein

Die Fliege sagt:
„Die Biene ist groß."

Die Biene sagt:
„Die Hornisse ist groß."

Die Hornisse sagt:
„Der Frosch ist groß."

Der Frosch sagt:
„Der Hund ist groß."

Der Hund sagt:
„Die Kuh ist groß."

Die Kuh sagt:
„Der Elefant ist groß."

Der Elefant sagt:
„Die Ameise ist groß",
und kichert,
wie nur Elefanten
kichern können.

„Wie? Wieso?
Was sagst du da!",
rufen die Fliege und die Biene
und die Hornisse und der Frosch
und der Hund und die Kuh.

„Doch, doch", sagt der Elefant
und kichert wieder,
wie nur Elefanten kichern können:
„Die Ameise ist groß,
denn der Floh ist noch kleiner."

Hans Manz

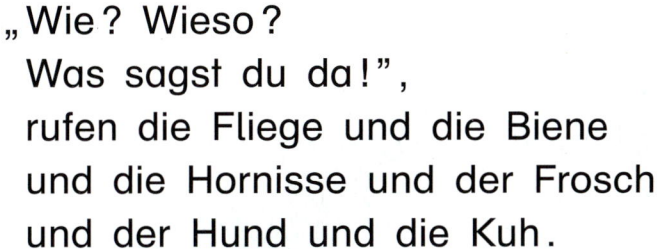

Kinderspiele

Wo ist der
Bockspringer?

Wo ist der
Kopfsteher?

Wo ist der
Reifenläufer?

Wo ist der
Stelzengeher?

Pieter Bruegel malte das Bild „Kinderspiele" vor über 400 Jahren.

Die Ritterburg

Bergfried

Küche

Kerker

Burggarten

geheimer
Ausgang

Wehrgang

Der **Bergfried** ist der höchste Turm einer Burg.
Von oben konnte man Feinde früh sehen.

Wehrgang heißt der Gang oben auf der Burgmauer.
Von hier konnte die Burg gut verteidigt werden.

Kapelle

Palas

Rittersaal

Backhaus

Kemenate

Brunnen

Stall

Burgtor

Zugbrücke

Wachturm

Wassergraben

In diesen Büchern kannst du noch viel mehr über Ritterburgen erfahren.

Die Ritterburg

Die Bücher mit den Folien

Meyers kleine Kinderbibliothek

Von Rittern und Burgen

Wir entdecken die Ritterburg

Wieso Weshalb Warum

Die Erdkugel

Das ist unsere Erde.
Astronauten haben sie
vom Mond aus
fotografiert.

Früher stellten sich die Menschen
die Erde als Scheibe vor.
Wenn Seeleute mit ihren Schiffen
weit auf das Meer hinausfuhren,
hatten sie Angst,
sie könnten von der Scheibe herunterfallen.

Raumstation im All

In der Raumstation arbeiten
Forscher aus vielen Ländern.
Sie erforschen die Erde und das Weltall.

Im All ist alles schwerelos.
Die Astronauten schweben
durch die Station.

Wenn sie an der Raumstation
etwas reparieren,
schweben sie im All.

Distr. Bulls 807

Manchmal wär ich gern ein Sultan

Manchmal
wär ich gern
ein Sultan.
Mit meinem
fliegenden
Teppich
schwebe ich
übers
Morgenland.
Es ist ein
Wunderteppich,
und wenn ich
dreimal runter
auf die Erde
spucke,
dreht er sich um,
und man sieht
alles verkehrt
herum.

Die Wolken sind dann unter mir
und die Stadt ist über mir.
Ich muss aufpassen,
dass ich nicht zu hoch an die Türme fliege,
sonst reißt es mir den Turban vom Kopf.

Erhard Dietl

Kaugummiflieger

In unserer Straße hängt
ein Kaugummi-Automat.
Wenn man da Geld
reinsteckt und es
kommt ein roter
Kaugummi heraus,
dann muss man
daraus eine Blase
machen.

Wenn die Blase ganz
riesig groß ist, kann
man damit fliegen.
Man hält sich gut fest
und segelt über die
Hausdächer.

Nur darf man
keine Angst haben,
sonst fällt man runter
und landet vielleicht
in einem Baum
oder in einem Kamin.

Ich kann mit der Riesenblase an den Fenstern vorbeifliegen
und an die Scheiben klopfen. Dann erschrecken die Leute,
aber sie freuen sich doch, dass ein Kaugummiflieger kommt.

Erhard Dietl

Die Bremer Stadtmusikanten

Ein alter Esel hatte keine Kraft mehr.
Sein Herr wollte ihn darum
nicht mehr haben.
Da lief der Esel fort.
Er wollte Musikant in Bremen werden.

Unterwegs traf er einen alten Hund.
Der lag am Weg und japste.
„Warum japst du so, Hund?"
„Ach, mein Herr hat mich geschlagen.
Da bin ich weggelaufen!"
„Komm doch mit mir nach Bremen!
Wir werden dort Musikanten!"
Der Hund ging mit.

Bald trafen sie eine alte Katze.
Die machte ein trauriges Gesicht.
„Was ist mit dir los, Katze?"
„Ach, ich weiß nicht, wo ich hin soll.
Niemand will mich haben!"
„Komm doch mit uns nach Bremen!
Wir werden dort Musikanten!"
Die Katze ging mit.

Bald trafen sie einen alten Hahn.
Der krähte laut auf einem Tor.
„Warum schreist du denn so, Hahn?"
„Morgen soll ich geschlachtet werden.
Ich schreie, so lang ich noch kann."
„Komm doch mit uns nach Bremen!
Wir werden dort Musikanten!"
Der Hahn ging mit.

Am Abend kamen die vier Tiere
müde und hungrig in einen Wald.
„Da hinten sehe ich Licht.
Das ist ein Haus!"
„Vielleicht können wir da übernachten."
„Gibt es da auch etwas zu essen?"

Der Esel schaute ins Fenster.
„Ich sehe Räuber am Tisch,
mit schönem Essen und Trinken."
„Das wäre was für uns!"
„Wir müssen die Räuber verjagen."
„Aber wie?"

„Wir machen hier unsere Musik."
„Ja, ganz laut!"
„Eins, zwei, drei!"
Der Esel schrie, der Hund bellte,
die Katze miaute und der Hahn krähte.

Und sie stürzten
durch das Fenster
ins Haus hinein.

„Hilfe, ein Gespenst!"
Die Räuber rannten
in größter Furcht in den Wald.

Die vier Tiere setzten sich
an den Tisch und aßen,
als wenn sie vier Wochen
hungern sollten.

Nach Bremen sind sie
nicht mehr gegangen.

51

Textquellen

S. 3   Ludwig Voges: Blätter. Aus: R. Zimmer, I. Clausmeyer, L. Voges. Praxisbuch Kindergarten. Tanz – Bewegung – Musik. Herder: Freiburg 1994 © Ludwig Voges.

S. 6   Volksgut: Ach du lieber Nikolaus.

S. 13   Barbara Cratzius: Was ist das nur? Aus: Winter im Kindergarten. Herder-Verlag, Freiburg im Breisgau 1988.

S. 22   Hermine Wolf: Nestbau. Originalbeitrag.

S. 24   Charlotte Bär: Löwenzahn und Pusteblume. Originalbeitrag.

S. 28/29 Angela Sommer-Bodenburg: „Meine Mutter" aus „Ich lieb dich trotzdem immer", © Angela Sommer-Bodenburg. Ute Andresen: Meine Mama. Aus: Ute Andresen und Monika Popp; ABC und alles auf der Welt. Beltz & Gelberg, Weinheim Basel 2002. Frantz Wittkamp: Alle Tage. Aus: F. W. Ich glaub, dass du ein Vogel bist. Beltz, Weinheim Basel 1990. Georg Bydlinski: Zum Muttertag (Originaltitel: Muttertagsstrophen). Aus: Wasserhahn und Wasserhenne. Dachsverlag, Wien 2002.

S. 31   Rolf Krenzer: Sommerzeit – Ferienzeit (Auszug: nur 2. Strophe). Aus: Sommerzeit Ferienzeit, Krenzer, Rolf © Dagmar Krenzer-Domina (RN Rolf Krenzer.)

S. 34   Unbekannter Verfasser: Zungenbrecher.

S. 35   Regina Schwarz: Lauter Quatschsalat. Aus: Yayo Kawamure, Regina Schwarz: Zungenbrecher, Sprachsalat, Mitmachreime, Quatschspinat. Ravensburger Buchverlag, Ravensburg 2013.

S. 38/39 Hans Manz: Groß und klein. Aus: H.M., Da kichert der Elefant. Nagel & Kimche, Zürich 1998.

S. 48   Erhard Dietl: Manchmal wär ich gern ein Sultan ((Überschrift ergänzt)). Aus: Der Bär auf dem Seil und andere Geschichten zum Vorlesen. Omnibus, München 2007 Erhard Dietl, © Omnibus, München 2007.

S. 49   Erhard Dietl: Kaugummiflieger ((Überschrift ergänzt)). Aus: Der Bär auf dem Seil und andere Geschichten zum Vorlesen. Omnibus, München 2007 Erhard Dietl, © Omnibus, München 2007.

S. 50/51 Volksgut: Die Bremer Stadtmusikanten.

Bildquellen

Inhaltsübersicht

Leseschatz

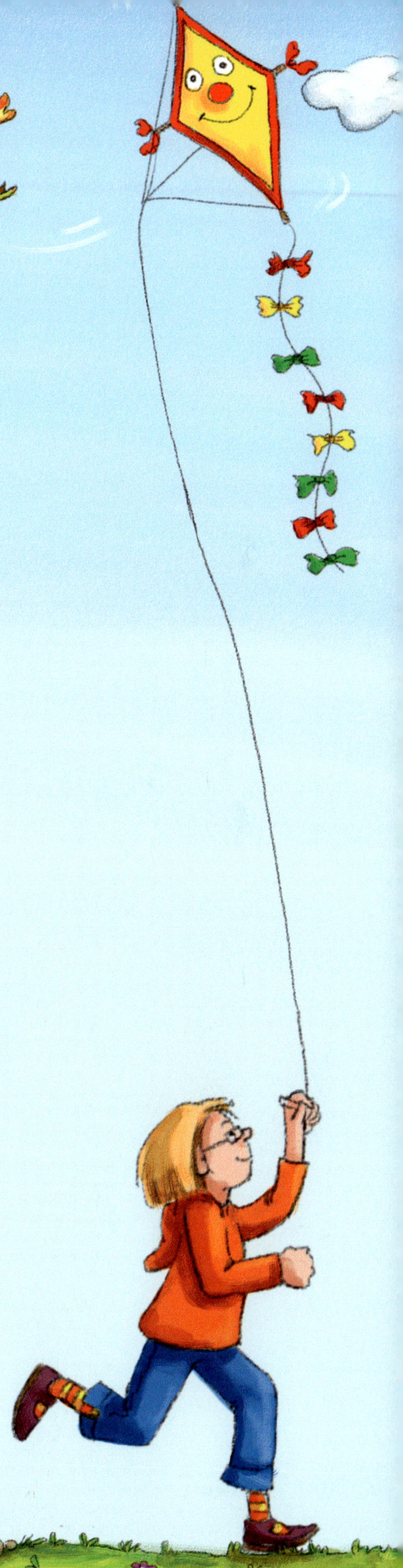

Löwenzahn

Werkstatt für das Lesen- und Schreibenlernen

Leselernbuch

Teil C

© 2015 Bildungshaus Schulbuchverlage
Westermann Schroedel Diesterweg
Schöningh Winklers GmbH, Braunschweig
www.schroedel.de

Druck A² / Jahr 2016
Alle Drucke der Serie A sind im Unterricht parallel verwendbar.

Redaktion: Lisa Prückler
Layout und Umschlaggestaltung: piou kunst + grafik, Braunschweig
(unter Verwendung einer Illustration von Stephanie Stickel)
Illustration: Miriam Cordes, Ærøskøbing; Carolin Görtler, Immenstadt, Antje Hagemann, Berlin; Carmen Hochmann, Bielefeld; Stephanie Stickel, Fitou; Susanne Wechdorn, Wien
Satz und technische Umsetzung: Doris Annacker, Wennigsen
Druck und Bindung: westermann druck GmbH, Braunschweig

ISBN 978-3-507-43253-6